BEI GRIN MACHT SICH IHR WISSEN BEZAHLT

- Wir veröffentlichen Ihre Hausarbeit,
  Bachelor- und Masterarbeit

- Ihr eigenes eBook und Buch -
  weltweit in allen wichtigen Shops

- Verdienen Sie an jedem Verkauf

Jetzt bei www.GRIN.com hochladen
und kostenlos publizieren

Sabine Neureiter

Die Pyramidentexte: Die Wiedergeburt des verstorbenen Königs

GRIN Verlag

Bibliografische Information der Deutschen Nationalbibliothek:

Die Deutsche Bibliothek verzeichnet diese Publikation in der Deutschen National-
bibliografie; detaillierte bibliografische Daten sind im Internet über http://dnb.d-
nb.de/ abrufbar.

Impressum:

Copyright © 2008 GRIN Verlag GmbH
Druck und Bindung: Books on Demand GmbH, Norderstedt Germany
ISBN: 978-3-656-50589-1

Dieses Buch bei GRIN:

http://www.grin.com/de/e-book/262183/die-pyramidentexte-die-wiedergeburt-des-
verstorbenen-koenigs

GRIN - Your knowledge has value

Der GRIN Verlag publiziert seit 1998 wissenschaftliche Arbeiten von Studenten, Hochschullehrern und anderen Akademikern als eBook und gedrucktes Buch. Die Verlagswebsite www.grin.com ist die ideale Plattform zur Veröffentlichung von Hausarbeiten, Abschlussarbeiten, wissenschaftlichen Aufsätzen, Dissertationen und Fachbüchern.

Besuchen Sie uns im Internet:

http://www.grin.com/

http://www.facebook.com/grincom

http://www.twitter.com/grin_com

Die Pyramidentexte - Die Wiedergeburt des verstorbenen Königs

Erstmals publiziert in:
Kemet - Die Zeitschrift für Ägyptenfreunde,
Pyramiden,
Bd. 3, 2008, Kemet Verlag, Berlin, 43ff
(www.kemet.de)

von

Sabine Neureiter, M.A.

Vorwort

Bei meinen Kemet-Artikeln handelt es sich um Texte, in denen ich versuche auf wenigen Seiten viele Informationen zu liefern. Der inhaltliche Rahmen ergibt sich aus dem Titel-Thema der jeweiligen Kemet-Ausgabe. Alle Artikel in den Kemet-Magazinen sind bebildert; die Fotos ergänzen die Texte.

Mir war bei jedem einzelnen Artikel wichtig, nicht lediglich schon bekannte und überall nachzulesende Informationen zusammenzustellen und nachzuerzählen. Ich betrachte alle Themen aus einer über den Tellerrand der Ägyptologie hinausgehenden Perspektive und stelle oftmals Thesen in den Raum, die eine Diskussion anstoßen sollen. Es handelt sich dabei aber immer um begründete und nicht aus der Luft gegriffenen Überlegungen.

Für viele meiner Artikel bilden ethnologische, soziologische oder religionswissenschaftliche Ansätze den Rahmen, um alternative Sichtweisen zu ermöglichen. Dabei gehe ich durchaus – aus ägyptologischer Sicht – etwas provokativ an ein Thema heran. Aber immer nur mit dem Ziel, neue oder unbekanntere Aspekte darzustellen.

Um altbekannter Kritik von vornherein entgegenzutreten: Grundsätzlich ist ein über räumliche und zeitliche Grenzen hinwegreichender Kulturvergleich ebenso statthaft wie ein sich ausschließlich an die Originalquellen haltender Versuch, Erkenntnisse über die altägyptische Kultur zu gewinnen. Das Argument, es handle sich bei dem einen um eine anachronistische und bei dem anderen um die einzig akzeptable Vorgehensweise, greift nicht. Denn schließlich findet auch das sprachwissenschaftlich fundierte Interpretieren einer altägyptischen Originalquelle alles andere als zeitnah zu ihrer Entstehung statt. Und eine Quelle aus der ägyptischen Spätzeit ist immerhin auch schon zweitausend Jahre jünger als etwa eine aus der Pyramidenzeit, so dass die Interpretationsergebnisse der jüngeren Quelle als anachronistisch bewertet und zum Verständnis der älteren nicht herangezogen werden dürften, wollte man dieser Argumentation folgen.

Nicht nur der Kulturvergleich, sondern gerade auch der interdisziplinäre Ansatz erweitert unseren Verstehenshorizont. Dann finden sich Antworten auf Fragen, die sich aus ägyptologischer Sicht nie stellen würden und werfen Licht auf unbeachtete oder unbekannte kulturelle Phänomene. Auch scheinbar wissenschaftlich längst bearbeitete Bereiche müssen immer wieder auf den Prüfstand; allein, weil jedem Wissenschaftler und jeder Wissenschaftlerin eine subjektive Sichtweise zueigen ist und jeder Versuch, Subjektivität aus der Arbeit auszuschließen und reine Objektivität walten zu lassen, niemals gelingen kann.

Letztendlich kann es immer nur darum gehen, ein weiteres kleines Fenster zum Verständnis der altägyptischen Kultur aufzustoßen.

Pyramidentexte – Die Wiedergeburt
des verstorbenen Königs

Einführung

Pyramidentexte sind Sammlungen religiöser Sprüche, die in den Pyramiden am Ende des Alten Reiches aufgezeichnet wurden. Unas, der letzte König der 5. Dynastie, ließ als erster die Wände seiner Grabräume mit Pyramidentexten beschriften. Und nach ihm taten es alle Könige der 6. Dynastie: Teti, Pepi I. und seine Gemahlin, Königin Anchenespepi II., Merenre I., Pepi II. und drei seiner Frauen, die Königinnen Udjebten, Iput II. und Neith. Mit dieser Dynastie endete das Alte Reich. Nur noch ein weiterer König der nachfolgenden Ersten Zwischenzeit, Ibi (8. Dyn.), ließ die Innenräume in seiner Pyramide beschriften. Im Mittleren Reich ließ der Wesir Sesostrisanch den Textbestand der Unas-Pyramide fast unverändert in seinem Grab aufzeichnen. Sesostrisanch ist eine Ausnahme, denn vom Ende des Alten Reiches an finden sich zwar viele einzelne Pyramidensprüche an den Grabwänden und Särgen von Beamten, aber keine Spruchsammlungen. Im Neuen Reich und in der Spätzeit werden einzelne Sprüche auch auf königlichen Sarkophagen niedergeschrieben.

Der erste Bericht über die Entdeckung der Pyramidentexte stammt von Heinrich Brugsch. Er und sein Bruder Émile entdeckten die Texte 1881 in der Pyramide Pepi I. Innerhalb desselben Jahres wurden – forciert durch Gaston Maspero, Direktor der ägyptischen Altertümerverwaltung - nacheinander alle Grabkammern mit Pyramidentexten freigelegt. Maspero lieferte als erster die Textausgabe in Form mehrerer Artikel (1882-1893). Es war aber Kurt Sethe, der die Pyramidentexte maßgebend editierte (1908-1922).[1] Auf Sethes Arbeit aufbauend wurde von nun an ergänzendes und neues Material veröffentlicht.[2]

Es gibt insgesamt über 700 Pyramidensprüche, die in verschiedenen Zusammenstellungen als Pyramidentexte - ohne Illustrationen, in senkrechten Zeilen – in den unterirdischen Grabräumen der Pyramiden aufgezeichnet wurden. Der der Sarkophagkammer gegenüberliegende Serdab blieb immer unbeschriftet. Beschriftet hingegen waren immer die Sarkophag- und Vorkammer, bei einigen Königen auch Teile des Korridors und der Sarkophag selbst. Bis auf eine Ausnahme - „Die Türflügel des Himmels öffnen" - haben die Pyramidensprüche keine Titel. Bei Unas, dessen Pyramidentexte nicht nur die älteste, sondern auch die kürzeste Fassung darstellen, beginnt aber jeder Spruch mit dem Rezitationsvermerk „Worte sprechen" (äg. ḏd mdw). Seit der 6. Dynastie steht dieser Vermerk am Anfang jeder Zeile. Die Texte sind in einer altertümlichen Form des Altägyptischen verfasst und unterscheiden sich insofern von anderen Texten aus dem Alten Reich. Zudem wurde

---

[1] Sethes Textedition von 1908 digitalisiert unter ULR: http://efts.lib.uchicago.edu/cgi-bin/eos/eos_title.pl?callnum=PJ1553.A1_1908_cop. Die Pyramidentexte von Unas „in situ" (in englischer Übersetzung) unter ULR: http://www.pyramidtextsonline.com. Die englische Übersetzung der Pyramidentexte von Samuel A. B. Mercer (1952) unter ULR: http://www.sacred-texts.com/egy/pyt/index.htm

[2] Kommentierte Literaturhinweise zu den Pyramidentexten s. Erik Hornung, Altägyptische Jenseitsbücher, 1997, 9ff. Zu den Pyramidentexten des Unas s.a. Sabine Neureiter, Überlegungen zum „Kannibalenhymnus", in: Kemet 3, 2007, 41ff

vermieden ganze Tier- und Menschenfiguren als Schriftzeichen zu verwenden. Da wo sie benutzt wurden lassen sich bewusste Verstümmelungen der Zeichen erkennen. Diese Tatsache lässt darauf schließen, dass der Glaube an die Wirksamkeit der Texte sehr stark war.

Die Pyramidentexte vermitteln - zumindest oberflächlich betrachtet und nach unserem Verständnis - kein systematisch ausgearbeitetes religiöses Gesamtbild, denn es kommen nicht nur solare, sondern auch stellare und osirianische Jenseitsvorstellungen zum Tragen. So schreibt Miroslav Verner: „Der Herrscher wird nach seinem Tod zu einem der unvergänglichen Sterne in der Nähe des Polarsterns, gleichzeitig befindet er sich auf einer Barke, die mit dem Sonnengott den himmlischen Ozean des Tages und der Nacht durchquert, und nichts bewahrt ihn davor, das mythische und jammervolle Schicksal des Osiris zu durchleben, um schließlich mit diesem Totengott und Herrscher der Unterwelt zu verschmelzen. Das Jenseits des verstorbenen Herrschers befindet sich sowohl im Himmel als auch in der Unterwelt".[3]

Es gibt so viele Interpretationen der Pyramidentexte wie es offene Fragen zu beantworten gibt. Allen Interpretationen liegt die Idee zugrunde, dass die Pyramidentexte „vor allem dem Himmelsaufstieg des verstorbenen Königs und seiner Aufnahme unter die Götter dienen".[4] Wie diese Himmelfahrt rituell begleitet wurde, in welcher Reihenfolge die Sprüche zu lesen sind, ob die Texte einen politischen Hintergrund haben oder rein religiös zu verstehen sind, diese Fragen lassen sich wohl kaum je klären. Beim Versuch sie zu beantworten unterscheiden sich die folgenden Interpretationen zum Teil grundlegend.

Interpretationen der Pyramidentexte als von Priestern zu rezitierendes Begräbnisritual

Siegfried Schott[5] hält die Pyramidentexte aufgrund der ḏd-mdw-Vermerke für Rezitationstexte, die bei der Bestattung des verstorbenen Königs vom Vorlesepriester vorgetragen wurden. Er meint, die Sprüche sind von außen nach innen zu lesen, beginnend im Eingangskorridor und endend in der Sargkammer. Schott vergleicht die äußeren Kultanlagen des Pyramidenkomplexes mit den Grabräumen: die Gangkammer im Eingangskorridor entspricht seiner Meinung nach z.B. dem Taltempel, der Gang zur Vorkammer dem Aufweg vom Taltempel zum Verehrungstempel, die Nordwand der Sargkammer dem Totenopfertempel, die Ost- und Südwand der Sargkammer dem Serdab und der Sargkammer selbst. „Die Rezitationen der Texte sollen nun den Weg des Bestattungszuges von seiner Landung im Taltempel über Aufweg und Totentempel bis zur Sargkammer begleitet haben, wodurch der Anbringungsort der Texte und der Ort ihrer Rezitation miteinander kommunizierten".[6]

---

[3] Miroslav Verner, Die Pyramiden, 1998, 60

[4] Hornung, Jenseitsführer, 8

[5] S. Siegfried Schott, Bemerkungen zum altägyptischen Pyramidenkult, Beiträge Bf 5, 1950

[6] Winfried Barta, Die Bedeutung der Pyramidentexte für den verstorbenen König, MÄS 39, 1981, 4

Joachim Spiegel[7] hält die Pyramidentexte für eine Wiedergabe der königlichen Bestattung und sieht darin einen politischen Hintergrund. Rituale, die nicht direkt bei der Bestattung durchgeführt wurden, wie etwa die Reinigung oder die Mundöffnung des Leichnams, wären aus diesem Grund in den Pyramidentexten unberücksichtigt geblieben. Spiegel meint, dass die für die Bestattung notwendigen Kulthandlungen ausschließlich im Innern der Pyramide stattfanden – „im Angesicht der Texte". „Die Anbringung der Texte hätte also auch den Ort des Geschehens bestimmt, d.h. die in den Inschriften niedergelegten Ritualhandlungen wären dort durchgeführt worden, wo sie sich aufgezeichnet an den Wänden finden, so dass die Bedeutung jedes einzelnen Raumteiles exakt bestimmt werden kann. Nach J. Spiegel ordnen sich die Texte dabei im umgekehrten Uhrzeigersinn zuerst von außen nach innen und dann von innen nach außen an. Die Handlungen selbst werden vom Thronfolger, einem Vorlesepriester und vier Ministranten vollzogen".[8]

Nach Spiegel handelt es sich bei den Pyramidentexten – er analysiert speziell die des „Usurpators" Unas - um die Niederschrift eines „Mysterienspiels", „in welchem die bedeutsamsten Manifestationen der irdischen Königsherrschaft, nämlich Krönung, Huldigungszug durch das Land, Hebsed-Fest (Ka-Übertragung) und Residenzgründung ‚schauspielhaft' dargestellt und bei dieser ihrer dramatischen Wiederholung zugleich zu einem mythischen Geschehen umgedeutet werden, das den Übergang des verstorbenen Herrschers aus der irdischen in die überirdische Welt veranschaulicht und den Beginn seines ‚jenseitigen Königtums' bezeichnet... Daher hat jedes seiner Worte zugleich eine rückwärtsweisende Bedeutung, die an ein Ereignis der historischen Vergangenheit des Regierungsantrittes des jetzt verstorbenen Herrschers erinnert, und einen vorgreifenden Sinn, der auf die nun beginnende Existenz des Königs in der Welt des Jenseits verweist." Diese Struktur gelte, so Spiegel, grundsätzlich für alle Begräbnisrituale ägyptischer Könige. „Sie gewinnt jeweils verschiedenen, spezifischen Sinngehalt durch die besonderen Umstände die den jeweiligen Regierungsantritt des betreffenden Königs, der zu Grabe getragen wird, begleitet haben, und durch die wechselnden Vorstellungen, die zu den verschiedenen Zeiten mit seiner Jenseitsexistenz verbunden werden".[9] Spiegel interpretiert die Pyramidentexte politisch und hält sie für eine aussagekräftige Geschichtsquelle. So hält er es für „nicht unbegründet" in ihnen eine Wiederholung der irdischen Vorgänge der königlichen Machtergreifung zu sehen, „wobei die drei Teile der Grabanlage: Sargkammer, Mittelkammer und Statuenraum und die drei Stadien der mythischen Himmelfahrt: Unterwelt, ‚Horizont' (irdische Welt), Himmel den Phasen des realen Revolutionsvorganges: ‚Untergrundbewegung', offener Kampf, Machtergreifung und ihren Schauplätzen: Kus-Abydos, Mittelägypten, Memphis-Heliopolis entsprechen".[10]

---

[7] S. Joachim Spiegel, Das Werden der altägyptischen Hochkultur, 1953

[8] Barta, Bedeutung, 13

[9] Spiegel, Hochkultur, 519f

[10] Spiegel, Hochkultur, 560

Hartwig Altenmüller[11] sieht die Pyramidentexte in ihrer Gesamtheit als Rezitationstexte eines Begräbnisrituals für den mit Osiris gleichgesetzten verstorbenen König. Orte der Ritualhandlungen waren, nach Altenmüller, nicht nur die Pyramideninnenräume, sondern auch der Totentempel. Sie wurden von vier Totenpriestern in den Rollen der Götter Re, Thot, Horus und Seth vollzogen. Da unter dem König Sahure (5. Dyn.) „der Bauplan der Totentempel neu organisiert worden ist", nimmt Altenmüller an, dass der neuartige Tempelgrundriss auf die Einführung eines „neuen Gesamtrituals für die Feierlichkeiten des Begräbnisses zurückzuführen ist".[12]

Nach Altenmüller enthalten die Pyramidentexte die Rezitationstexte eines Begräbnisrituals, „dessen mythenfreie Bildfassung seit dem Mittleren Reich in den Kultkammern der Privatgräber des Mittleren und Neuen Reiches belegt ist". Als „Leitexemplar" dient Altenmüller die „Darstellung der Begräbnisriten im Grab des Wesirs Rechmire in Theben (TT 100)". Altenmüllers Analyse ergibt eine Gliederung des Bestattungsrituals in drei Phasen: in die Ritualhandlungen während der Beisetzung der Mumie, in die mit der Statue und in die Schutzriten.[13] „Der Ursprung des Gesamtrituals der Begräbnisriten reicht in die früheste Zeit der ägyptischen Geschichte zurück", so Altenmüller, während die Pyramidentexte des Unas – „bei vorsichtiger Schätzung" - „auf eine Textfassung der Zeit des Sahure zurückgehen, jedoch gelegentlich vielleicht älteres Textgut verwerten, das bis in die erste Dynastie zurückreichen kann".[14]

Interpretationen der Pyramidentexte als Verklärungssprüche für den verstorbenen König

Jürgen Osing[15] stellt in seiner Untersuchung der Pyramidentexte des Unas eine thematische Verteilung der Sprüche innerhalb der Grabräume fest, was klar gegen die Annahme spricht, es handle sich bei ihnen um einen fortlaufenden Ritualtext. Es gibt also eine Verbindung zwischen den Pyramidentexten und ihrer architektonischen Anordnung. „In der Sarkophagkammer konzentrieren sich die Texte auf die Erlangung einer jenseitigen Existenz als ,vortreffliche unvergängliche Seele'. In unmittelbarer Umgebung des Sarkophags, in dem der König lag, setzen die Texte jeden Teil seines Körpers mit dem entsprechenden Körperteil einer Gottheit gleich, ein Verfahren zur Vermeidung körperlichen Verfalls".[16] Die Texte in der Vorkammer wiederum sichern die Auffahrt zum Himmel. Und direkt am Durchgang zum Korridor stehen ein Text für die Himmelsöffnung und ein Zauberspruch gegen gefährliche Wesen.

---

[11] S. Hartwig Altenmüller, Die Texte zum Begräbnisritual in den Pyramiden des Alten Reiches, ÄgAb 24, 1972

[12] Altenmüller, Begräbnisritual, 279

[13] Altenmüller, Begräbnisritual, 273

[14] Altenmüller, Begräbnisritual, 279f

[15] S. Jürgen Osing, Zur Disposition der Pyramidentexte des Unas, in: MDAIK 42, 1986, 131ff

[16] Stephen Quirke, Altägyptische Religion, 216

Kurt Sethe[17] meint, dass den Pyramidentexten ein leitendes Prinzip fehle und es sich bei ihnen um eine freie Sammlung von Totensprüchen handle. Die Pyramidentexte, so Sethe, sind vorwiegend Verklärungssprüche, die während des Begräbnisvorganges rezitiert worden sind und die der verstorbene König nach seiner Auferstehung von den Wänden der Pyramideninnenräume von innen nach außen ablesen sollte – um sich notfalls in der Funktion seines eigenen Totenpriesters selbst verklären zu können. Aus diesem Grund wurde die Schreib- und Leserichtung der Sprüche durch die Stellung des Sarkophags bestimmt und zum verstorbenen König hin ausgerichtet. Dank der ihr innewohnenden magischen Kraft gelangten die Pyramidentexte allein durch ihr bloßes Dasein ihre Wirkung.

Winfried Barta hält die Zugehörigkeit der Pyramidentexte zu einem Bestattungsvorgang für fragwürdig.[18] Sie gehören, so Barta, in ihrer Gesamtheit zur gleichen Textgattung wie die Sargtexte oder das Totenbuch. Für ihn sind sämtliche Sprüche der Pyramidentexte Verklärungen, wobei unter Verklärtwerden das Mysterium der Auferstehung und der Vergöttlichung des Verstorbenen zu verstehen ist. Verklärung bedeutet „Zu-einem-Ach-machen, also die Transformation des Verstorbenen in ein jenseitiges Ach-Wesen. Es handelt sich folglich um die Tätigkeit des Verklärtwerdens, die den Verstorbenen zu einem Wiedererstandenen werden lässt, ... wobei die Texte entweder durch die Rezitation des Vorlesepriesters oder aber durch ihre bloße Existenz als Grabinschrift wirksam werden".[19]

Barta meint, die Pyramidentexte gehören ebenso wie die Beigaben zum Grabinventar des verstorbenen Königs und erkennt in ihnen verschiedene Wirksamkeiten: Als Existenzsicherung garantieren sie nicht nur sein Jenseitsleben, sondern auch die Art seiner Lebensführung. Als Legitimationsprinzip vermittelten sie ihm „das für sein Weiterleben erforderliche Wissen von den geheimen Dingen des Jenseits. Kraft dieser Kenntnisse gilt er als ein Eingeweihter, der sich stets dort auf sein Wissen beruft, wo er den Nachweis der Rechtmäßigkeit seiner göttlichen Existenz als Ach-Wesen antreten muß".[20] Als Zauberbuch ist es mit magischer Kraft ausgestattet und ist allein schon durch die Existenz des mit Bildern geschriebenen Wortes wirksam. Seine Macht kann durch das Rezitieren der entsprechenden Sprüche noch verstärkt werden. Die Sprüche lassen den verstorbenen König also zum Zauberer werden. Als Mythenbuch erzählen die Pyramidentexte von den Göttern. Die Mythen werden aber nicht im Zusammenhang, sondern bruchstückhaft in Form von Erzählungsfragmenten überliefert und dienen dem verstorbenen König, so Barta, als Erinnerungshilfe. Als Jenseitsführer verfolgen die Pyramidentexte den Zweck, den verstorbenen König mit den lokalen Gegebenheiten und Gefahren im Jenseits vertraut zu machen.

Winfried Barta versteht die Pyramidentexte auch als Jenseitsbiographie eines verstorbenen Königs, der in verschiedenen nachtodlichen Zuständen beschrieben wird. „Der Verstorbene erscheint im Jenseits gleichsam geteilt existent, nämlich einmal im mumifizierten Leichnam, den man als Osiris mythologisiert, und zum zweiten im Ba, der mit dem Sonnengott Re zu

---

[17] S. Kurt Sethe, Die Totenliteratur der alten Ägypter, in: SPAW 18, 1931

[18] Barta, Bedeutung, 51

[19] Barta, Bedeutung, 63

[20] Barta, Bedeutung, 72

verbinden ist".[21] In der Nacht vereinigt sich der Ba wieder mit dem Leichnam, was in den Pyramidentexten mythisch überhöht als "die Vereinigung des Sonnengottes mit Osiris umschrieben" wird. Während man den Leichnam zur Erde gehören lässt, gehört der Ach zum Himmel. „Die Wesensart eines Ach erreicht der Verstorbene durch den Vorgang der Verklärung" des Ba.[22] Die Funktion des Ka besteht darin, „den verklärten Ba mit Opfergaben zu versorgen und ihn bei seinem Weg durch Himmel und Unterwelt zu begleiten, wobei besonderes Gewicht auf das Gelingen des Himmelsaufstiegs am Morgen gelegt wird".[23]

Barta gliedert anhand der Pyramidentexte die Teilnahme des verstorbenen Königs am Gesamtzyklus des Sonnenlaufs wie folgt: a) Das Erscheinen am Osthorizont und die Durchquerung des Himmels am Tage, b) das Untertauchen am Westhorizont und die nächtliche Fahrt durch die Unterwelt, c) die Auferstehung am Morgen im Osten, d) die Einbindung in den täglichen Sonnenlauf. Die Bedeutung der Pyramidentexte definiert Barta folgendermaßen: „Die durch Verklärung und Ausstattung erreichte Vergöttlichung soll dem Verstorbenen ermöglichen, im Jenseits nicht nur allgemein die Rolle eines Gottes, sondern speziell die des sich zyklisch mit Osiris vereinigenden Sonnengottes zu spielen, über dessen Eigenschaften und Handlungen dann die Texte in ihrer Funktion als Biographie berichten würden". Barta meint, dass „das Geschehen in der 6. Stunde des Amduat bereits im Alten Reich von den Pyramidentexten vorgeprägt worden" war.[24]

James P. Allen[25] geht davon aus, dass die Pyramidentexte an den Wänden der Pyramideninnenräume den Sonnenlauf nicht nur inschriftlich, sondern auch architektonisch beschreiben. Die Räume mit ihren jeweiligen Inschriften entsprechen, so Allen, den verschiedenen Stadien des unterirdischen Sonnenlaufs und somit den verschiedenen Stadien hin zur Auferstehung des verstorbenen Königs. Nach Allen entspricht die Sargkammer der Unterwelt (Duat) und der Sarkophag entspricht der Himmels- und Muttergöttin Nut. In ihm liegt die königliche Mumie, die wiederum mit Osiris identifiziert wird. Die Vorkammer ist der Horizont (Achet), in dem der Verstorbenen verklärt und zu einem Ach wird. Der unbeschriftete Serdab entspricht der Ostgrenze des Horizonts und die Korridore führen zum Himmel.

Bei seiner nächtlichen Reise von seinem Tod bis zu seiner Wiedergeburt passiert der verstorbene König alle Räume und Korridore. Sie beginnt mit der Vereinigung des Ba des Königs mit seiner Mumie, die im Sarkophag – im Mutterleib der Nut – liegt und endet mit seinem Verlassen der Pyramide durch die Korridore, verklärt als Ach und zusammen mit dem Sonnengott. Diese Reise entspricht aber auch, so Allen, einer Geburt des Königs von der Muttergöttin Nut, aus deren Gebärmutter (Sarkophag) heraus er durch und den Geburtskanal (Räume und Korridore) zum Leben gelangt. „The subterranean layout of the pyramid represents an architectural expression of two views of this journey – like the two concepts of

---

[21] Barta, Bedeutung, 102

[22] Barta, Bedeutung, 104

[23] Barta, Bedeutung, 107

[24] Barta, Bedeutung, 150; s.a. Sabine Neureiter, Das Grab Sethos' I. – Jenseits der Schöpfung, in: Kemet 2, 2007, 24ff

[25] James P. Allen, The Ancient Egyptian Pyramid Texts, 2005

the Sun's nightly journey, complementary rather than competing: it represents both a womb and birth canal, and a miniature version of the passage from the Duat through the Akhet and into the sky".[26]

Die Vereinigung des Ba des verstorbenen Königs mit seiner Mumie entspricht der Vereinigung von Ba und Osiris in Nut. Das in der Sarkophagkammer aufgezeichnete Auferstehungsritual befreit den Ba von seiner Abhängigkeit zum Leichnam, während das Opferritual ihn mit Lebenskraft, mit Ka, versorgt. Daran anschließend durchläuft der mit Ka aufgeladene Ba den nächtlichen Sonnenlauf, vereinigt sich mit dem Sonnengott und wird so zum Ach, der wiedergeboren zu den Göttern in den Himmel aufsteigt. Allen übersetzt und nummeriert die Pyramidensprüche nicht in der Tradition Kurt Sethes, sondern in der Reihenfolge, wie sie – seiner Theorie nach – zu lesen sind. Er liest und gliedert also zum Beispiel die Pyramidentexte von Unas wie folgt: Sprüche zum Schutz der Mumie, Opferritual, Auferstehungsritual, Sprüche zum Heraustreten aus der Unterwelt, Sprüche zum Durchschreiten des Achet, Sprüche für die Wiedergeburt des Ba, Sprüche zum Verlassen des Achet, Sprüche zum Eintreten in den Himmel.

Additives Denken

Immer wieder liest man, die Pyramidentexte würden keine einheitliche Jenseitsvorstellung vermitteln. „Vielmehr", so Wolfgang Helck und Eberhard Otto, „lassen sich mehr oder weniger deutlich verschiedene Vorstellungskreise trennen, von denen als bekannteste der Himmelsaufstieg des Königs zum Sonnengott, die Versetzung unter die Sterne, aber auch die Verklärung als Osiris zu nennen sind".[27] Es existiere eine „offensichtliche Uneinheitlichkeit der in ihnen vertretenen Anschauungen" (s.o. Miroslav Verner).

Unser Denken funktioniert nach dem „Entweder-Oder"-Prinzip. Ihm liegt ein ausschließendes Wahrheitskonzept zugrunde. Im Alten Ägypten wie im gesamten Alten Orient – z.B. auch in Mesopotamien - funktionierte das Denken aber additiv, nicht nach einem Ausschluss-, sondern nach einem Anhäufungsverfahren. Es arbeitet nach dem „Sowohl-Als-Auch"-Prinzip. „Nach diesem Prinzip kam man einem korrekten Verständnis der Welt desto näher, je mehr zutreffende Aussagen man über ein Phänomen machen kann. Ein Beispiel dafür bietet jene für uns unlösbare Frage, wie die Statue des Sonnengottes mit der Sonne identisch sein kann, wie diese Statue wie eine Person atmen, essen und schlafen kann – und gleichzeitig als Sonnengott vom Himmel den Tag erhellt. Dies war für die Mesopotamier keinesfalls ein Widerspruch, und die Vernachlässigung der Versorgung des Gottes(-Bildes) hätte ohne Zweifel zu Katastrophen geführt." Ganz unbekannt ist unserem Denken das additive Verfahren allerdings nicht: „In den Gesellschaftswissenschaften, der Medizin oder der Psychologie besitzen wir nicht selten konkurrierende Erklärungsmodelle, weil wir die vielfältigen Ursachen und Wirkungen oft nicht zu isolieren vermögen".[28]

---

[26] Allen, Pyramid Texts, 10

[27] Wolfgang Helck, Eberhard Otto, Kleines Wörterbuch der Ägyptologie, 1956, 288

[28] Gebhard J. Selz, Sumerer und Akkader, 2005, 109f

Schluss

Die Sprüche in ihrer Gesamtheit verhelfen dem verstorbenen König zu einer jenseitigen Existenz. Ihre jeweiligen Anbringungsorte in den verschiedenen Pyramiden variieren, was darauf schließen lässt, dass es sich bei den Pyramidentexten - ebenso wie bei den späteren Sargtexten oder dem Totenbuch - nicht um fortlaufende Ritualtexte handelt. Offensichtlich wurden die Sprüche aus einem größeren Vorrat ausgewählt und nach bestimmten Gesichtspunkten im Pyramideninneren verteilt. Dabei lässt im Übrigen keiner der Texte eine Orientierung nach einer Himmelsrichtung erkennen. Winfried Barta meint, jeder König habe sich seine Pyramidentexte nach individuellen Vorstellungen aus einer reichen Literatur selbst zusammengestellt. Nur so ließe sich „der von Pyramide zu Pyramide wechselnde Textbestand erklären, in dem sich stets alt überkommenes Textgut mit neu geprägtem mischt".[29]

Dass es sich bei den Pyramidentexten um Verklärungstexte handelt, zeigen die Arbeiten von Winfried Barta und James P. Allen: Es geht um die Wiedergeburt des verstorbenen Königs. Die Pyramideninnenräume waren nach ihrem Verschluss für niemanden mehr zugänglich. Die aufgezeichneten Texte waren also ausschließlich für den jenseitigen Bedarf des verstorbenen Königs gedacht. Es ist unwahrscheinlich, dass eine einmalig zu vollziehende Zeremonie wie die der Bestattung für die Ewigkeit im Grab aufgezeichnet worden wäre. Es spricht also wenig dagegen, die Pyramidentexte in ihrer Bedeutung mit den späteren königlichen Jenseitsführern – z.b. mit dem Amduat - gleichzusetzen. Ähnlich wie die Königsgräber des Neuen Reiches realisieren die Pyramideninnenräume die mythische Unterwelt, die der Sonnengott in seinem Sonnenboot nachts durchfährt. Hier vereinigt sich der Sonnengott mit Osiris und somit mit dem verstorbenen König, der wiedergeboren mit im Sonnenboot reist und morgens aufersteht. Die sog. Sonnenbarken wurden vermutlich aus eben diesem Grund den verstorbenen Königen - schon seit der 1. Dynastie - ins Jenseits mitgegeben.[30]

„Pyramidenanlagen waren die geheimnisvollen Orte der Verwandlung des toten Königs zum unsterblichen Gott", so Peter Jánosi.[31] Und die Pyramidentexte, so kann man fortfahren, sind das Hilfsmittel, um dieses Mysterium zu vollbringen. Der König stirbt zweimal: einmal rituell vor seiner Thronbesteigung wenn er seine Initiation durchläuft, um danach vom Menschen zum göttlichen König zu transformieren. Und das zweite Mal, wenn er nach seinem tatsächlichen Tod vom göttlichen König zum Gott transzendiert. Beiden Übergängen gehen Initiationen voraus, deren geheime und heilige Riten nur ihm und den eingeweihten Priestern bekannt waren. Jedem Tod folgt eine Wiedergeburt. Am Ende stößt der verstorbene König – ein Gott geworden - zu seinen Ahnen und Göttern am Himmel und begleitet von nun an den Sonnenlauf. Als Herrscher unter Göttern sorgt er somit wie ehemals im Diesseits so auch im Jenseits für die In-Gang-Haltung der Welt.[32]

---

[29] Barta, Bedeutung, 68

[30] S.a. Barta, Bedeutung, 145; s.a. Richard Pierce, After 5,000 year voyage, world's oldest built boats deliver (ULR: http://www.abc.se/~m10354/mar/abydos.htm)

[31] Peter Jánosi, Die Pyramiden, 2004, 8

[32] S.a. Sabine Neureiter, Zum Artikel „Diesseits oder Jenseits – Zum Geburtsmythos der Hatschepsut", in: Kemet 1, 2007, 96

Vielleicht hat es etwas mit dem „Erwachen des Individuums" zu tun,[33] weshalb gerade gegen Ende des Alten Reiches die Pyramidentexte auftauchen. Schließlich wäre es auch den Königen der früheren Zeit möglich gewesen, die Innenräume ihrer Pyramiden beschriften zu lassen. Vielleicht wurde jetzt eher der individuelle König hinter der abstrakten Idee des Gottkönigtums gesehen, zumal sein Name immer wieder in den Pyramidentexten genannt und er direkt angesprochen wird.

Es bedarf noch vieler detailliert Untersuchungen, um die Pyramidentexte verstehen zu können. Es ist zu vermuten, dass Glaubensvorstellungen und Traditionen der verschiedenen ober- und unterägyptischer Kulturen im Laufe der Jahrhunderte verarbeitet und zu einem Ganzen zusammengeführt wurden. Sowohl der unterweltliche Osirisglaube wie auch der himmlische Sonnenglaube erklären für sich genommen Tod und Wiedergeburt – sie tun es aber eben auch zusammengeführt im Gesamtzyklus des Sonnenlaufs. Das ist sicher kein Zufall, sondern das Ergebnis einer additiven Denkweise. Nichts scheint sich zu widersprechen und alles ergänzt sich, um die Welt und ihre Phänomene erklären zu können.

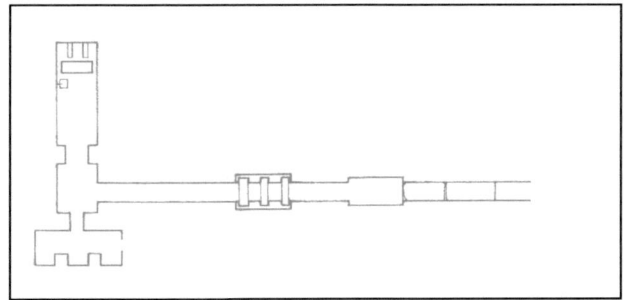

Grundriss der Innenräume der Pyramide des Unas (5. Dynastie)

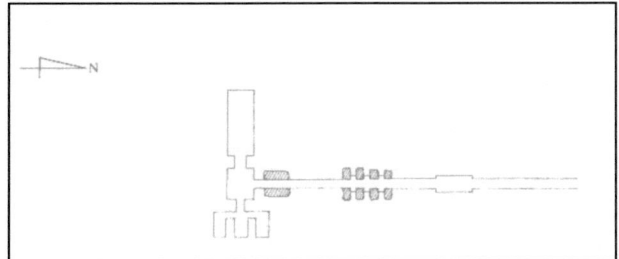

Grundriss der Innenräume der Pyramide des Teti (6. Dynastie)

---

[33] S. Dietrich Wildung (Hg.): Ägypten 2000 v. Chr. - Die Geburt des Individuums, 2000